¡A VOLAR!

Viajar en avión

por MEREDITH DAVIS • ilustrado por KEN DUBROWSKI

Un aeropuerto es un lugar de mucha actividad. Los aviones despegan y aterrizan continuamente para transportar pasajeros y carga a todas partes del mundo. Los trabajadores están en todas partes para hacer que el viaje de los pasajeros sea agradable y seguro.

TORRE DE CONTROL DE TRÁFICO AÉREO

PISTA DE ATERRIZAJE

PISTA DE CARRETEO

EXIT 6 AIRPORT

TERMINAL B

2

HANGARES

PISTA DE ATERRIZAJE

EDIFICIO DE LA TERMINAL

TERMINAL Y SALA DE ABORDAR

Cuando los pasajeros llegan al aeropuerto, entran al edificio de la terminal. Luego de facturar el equipaje, pasan a la sala de abordar, donde esperan para abordar el avión. Los pasajeros también pueden visitar los restaurantes y las tiendas de la terminal.

Los pasajeros pasan a la sala de abordar. También pueden usar escaleras mecánicas, trenes subterráneos eléctricos o andenes móviles.

Al ingresar en la terminal, el equipaje de los pasajeros puede ser revisado por rayos X para detectar objetos peligrosos.

Los pasajeros muestran sus pasajes y pasaportes para recibir los pases de abordar donde aparecen el destino, el número de vuelo y el número de asiento.

El equipaje se pesa, se etiqueta y se pone en una banda transportadora.

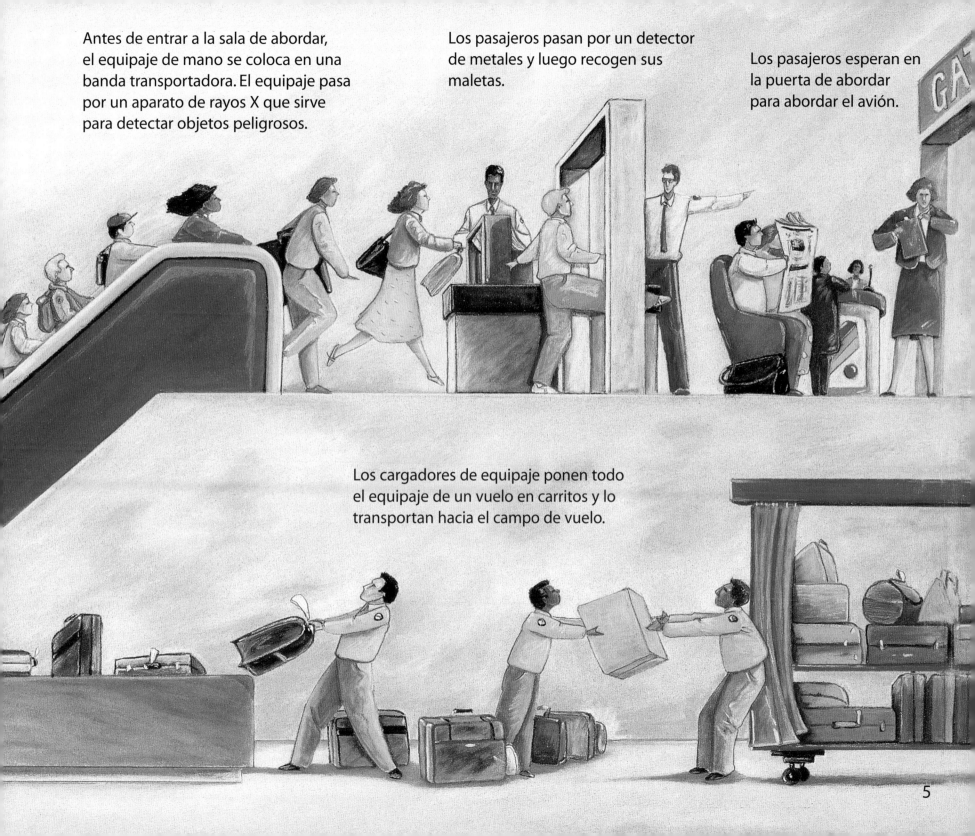

Antes de entrar a la sala de abordar, el equipaje de mano se coloca en una banda transportadora. El equipaje pasa por un aparato de rayos X que sirve para detectar objetos peligrosos.

Los pasajeros pasan por un detector de metales y luego recogen sus maletas.

Los pasajeros esperan en la puerta de abordar para abordar el avión.

Los cargadores de equipaje ponen todo el equipaje de un vuelo en carritos y lo transportan hacia el campo de vuelo.

5

COMIDAS Y BEBIDAS

Antes del despegue de cada vuelo, se preparan las comidas y los refrigerios para los pasajeros y la tripulación, y luego se cargan en el avión.

1. Todos los días se compran ingredientes frescos y se almacenan en grandes refrigeradores de las cocinas del aeropuerto. El personal del servicio de comidas y bebidas prepara las comidas, los refrigerios y las bebidas.

2. Las comidas se colocan en carritos y se transportan hasta el avión. Los alimentos se mantienen fríos con hielo seco. La unidad de almacenamiento de alimentos de un camión elevador para el servicio de comidas y bebidas se eleva hasta el avión por medio de energía hidráulica.

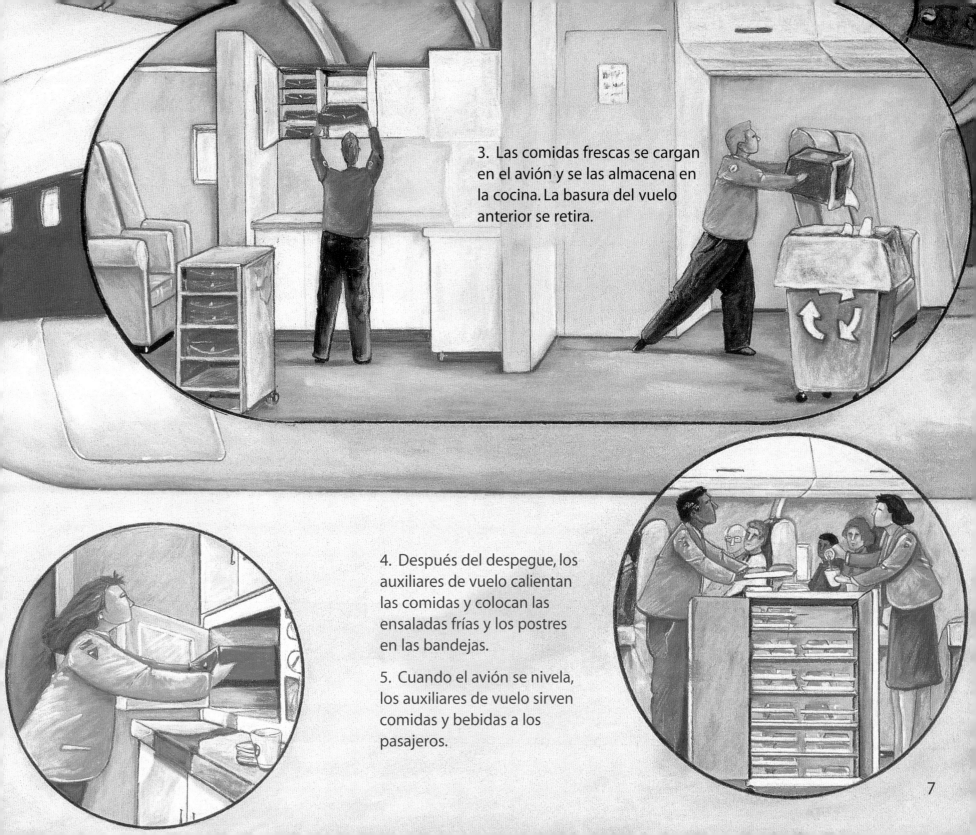

3. Las comidas frescas se cargan en el avión y se las almacena en la cocina. La basura del vuelo anterior se retira.

4. Después del despegue, los auxiliares de vuelo calientan las comidas y colocan las ensaladas frías y los postres en las bandejas.

5. Cuando el avión se nivela, los auxiliares de vuelo sirven comidas y bebidas a los pasajeros.

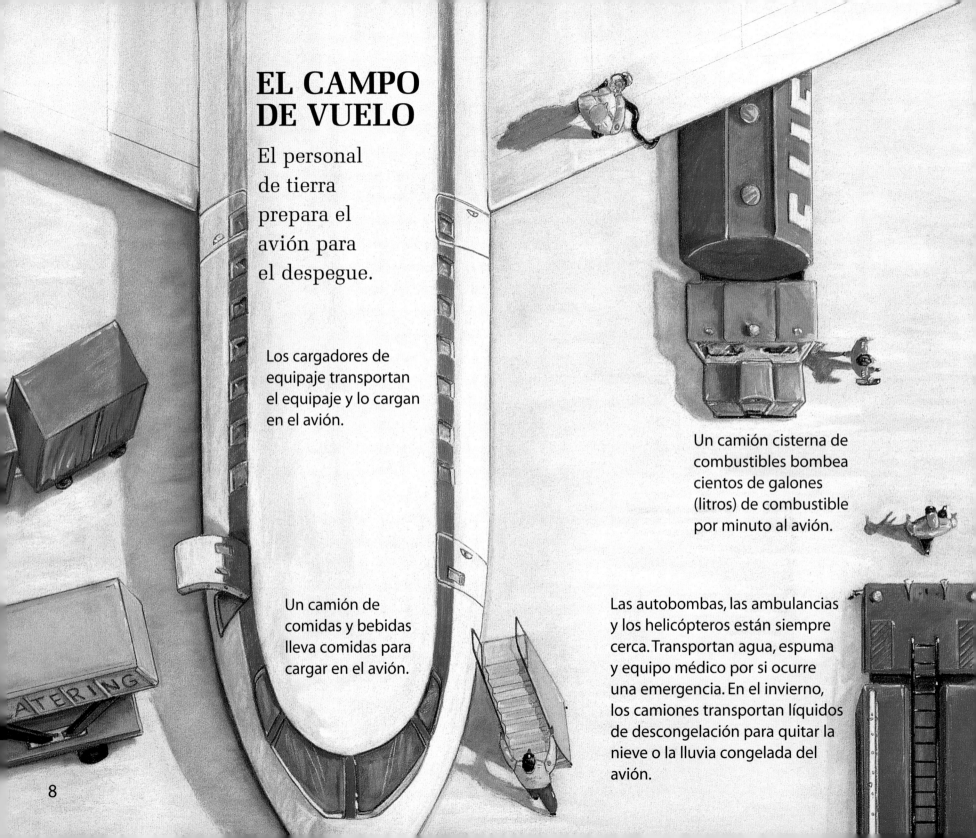

EL CAMPO DE VUELO

El personal de tierra prepara el avión para el despegue.

Los cargadores de equipaje transportan el equipaje y lo cargan en el avión.

Un camión de comidas y bebidas lleva comidas para cargar en el avión.

Un camión cisterna de combustibles bombea cientos de galones (litros) de combustible por minuto al avión.

Las autobombas, las ambulancias y los helicópteros están siempre cerca. Transportan agua, espuma y equipo médico por si ocurre una emergencia. En el invierno, los camiones transportan líquidos de descongelación para quitar la nieve o la lluvia congelada del avión.

Un maloliente camión de volteo saca con una bomba el agua sucia de los baños y la reemplaza con agua limpia y desinfectante.

Los pasajeros y la tripulación abordan el avión por una pasarela de acceso. Luego la puerta del avión se cierra y la pasarela se retira.

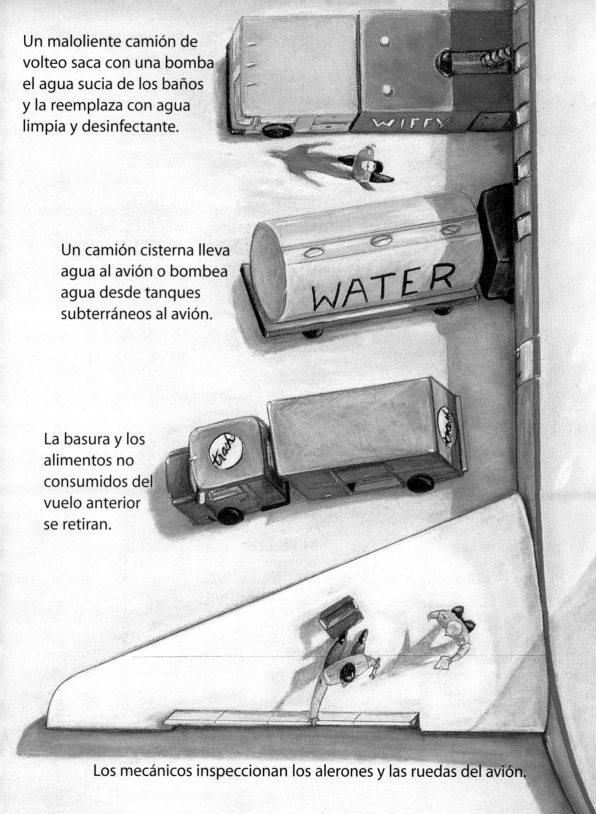

Un camión cisterna lleva agua al avión o bombea agua desde tanques subterráneos al avión.

WATER

La basura y los alimentos no consumidos del vuelo anterior se retiran.

Los equipos de mantenimiento mantienen limpias las pistas de aterrizaje. Utilizan vehículos que tienen alarmas sonoras para evitar que los pájaros se acerquen a los aviones.

Los mecánicos inspeccionan los alerones y las ruedas del avión.

9

PREPARATIVOS EN EL AVIÓN

Por lo general, la tripulación de cabina está formada por el comandante, el piloto (también llamado primer oficial) y el ingeniero de vuelo. Cada miembro de la tripulación tiene diferentes tareas para realizar antes del despegue.

Antes de abordar, el comandante recibe el plan de vuelo de la oficina de despacho de vuelos. El plan indica la ruta, las altitudes y la velocidad de vuelo necesarias para despegar. El comandante también verifica el pronóstico del tiempo y la velocidad del viento.
El ingeniero de vuelo controla que los indicadores y los conmutadores del avión estén en la posición correcta para el despegue.

La cabina de mando puede tener más de 970 instrumentos y controles diferentes. Por eso, los tripulantes revisan con mucha atención lo que hacen. Verifican una lista de más de 100 puntos antes de que el avión esté listo para el despegue.

Abajo.

Apagado.

El piloto programa las computadoras del avión con el plan de vuelo. Cuando el avión está en el aire, las computadoras controlan la velocidad, la altitud y la dirección del avión.

En las cabinas, los pasajeros buscan sus asientos. Los auxiliares de vuelo se aseguran que el equipaje de mano se guarde en los compartimentos superiores o debajo de los asientos, y revisan el equipo y las provisiones del servicio de comidas y bebidas.

11

CONTROL DEL TRÁFICO AÉREO

Los controladores de tráfico aéreo guían el avión durante el despegue, el vuelo y el aterrizaje. Utilizan computadoras, cámaras, radares y radios para mantener cada avión a una distancia segura de los demás, en tierra y en el aire. Los controladores de tráfico aéreo trabajan con rapidez porque los aviones que observan vuelan a más de 600 millas (965 kilómetros) por hora. En el aeropuerto de mayor movimiento del mundo, en Chicago, cada 40 segundos despega o aterriza un avión.

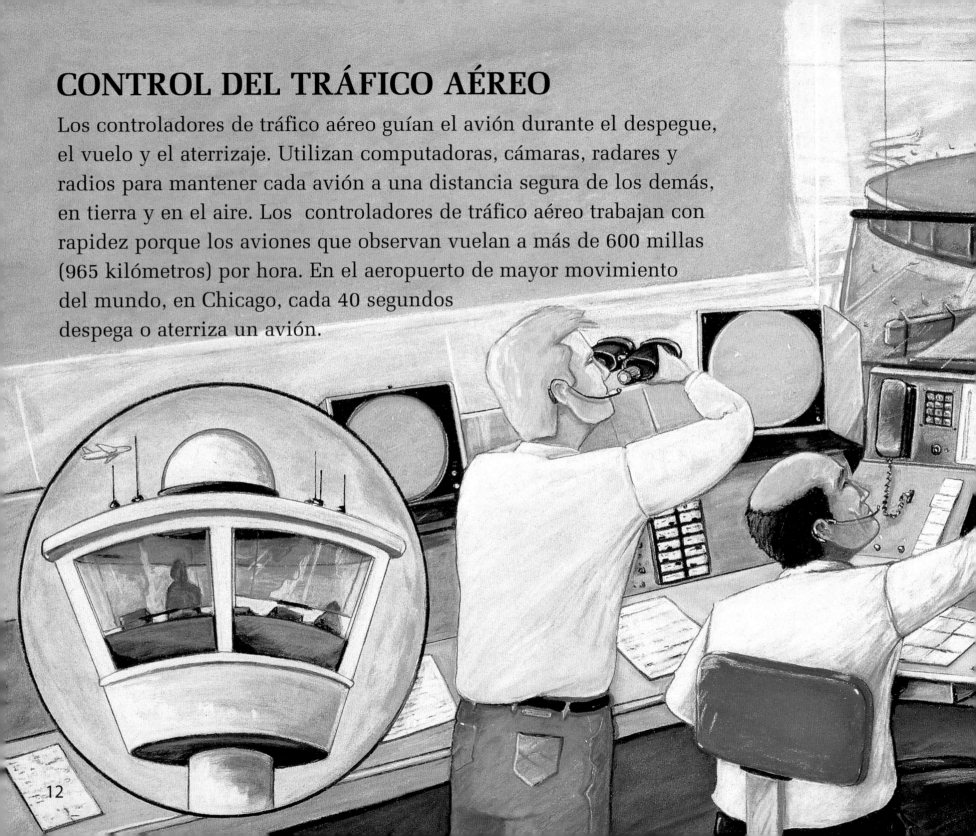

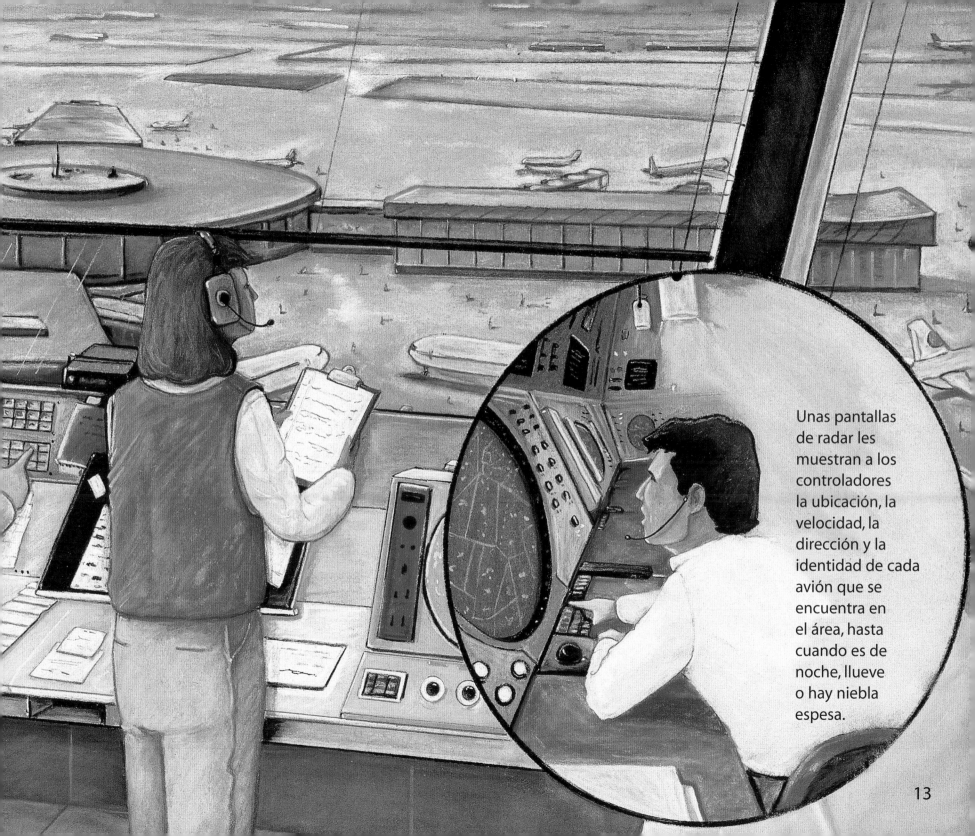

Unas pantallas de radar les muestran a los controladores la ubicación, la velocidad, la dirección y la identidad de cada avión que se encuentra en el área, hasta cuando es de noche, llueve o hay niebla espesa.

13

DESPEGUE

Cuando el avión está cargado y la tripulación
ha finalizado las revisiones previas al vuelo,
el comandante pone en marcha los motores
y sigue las instrucciones de la torre de control
para guiar el avión hacia la pista de carreteo.

Cuando el avión carretea hacia la pista de aterrizaje, los auxiliares de vuelo
controlan que los respaldos de los asientos estén en posición vertical y que
los pasajeros se hayan abrochado los cinturones de seguridad. También
hacen una demostración o muestran un vídeo sobre cómo usar las salidas,
los chalecos salvavidas y las máscaras de oxígeno durante una emergencia.

A unos 600 pies (185 metros) de la pista de aterrizaje, la torre autoriza el despegue del avión. El comandante posiciona los alerones y da el máximo de potencia a los motores para que el avión acelere por la pista de aterrizaje. Cuando el aire que pasa velozmente por encima de las alas le da suficiente sustentación al avión para elevarse del piso, el comandante levanta el morro del avión, y el avión despega. Luego, el piloto repliega las ruedas.

Un controlador de tierra guía el avión para que se dirija con seguridad desde la pista de carreteo hacia la pista de aterrizaje.

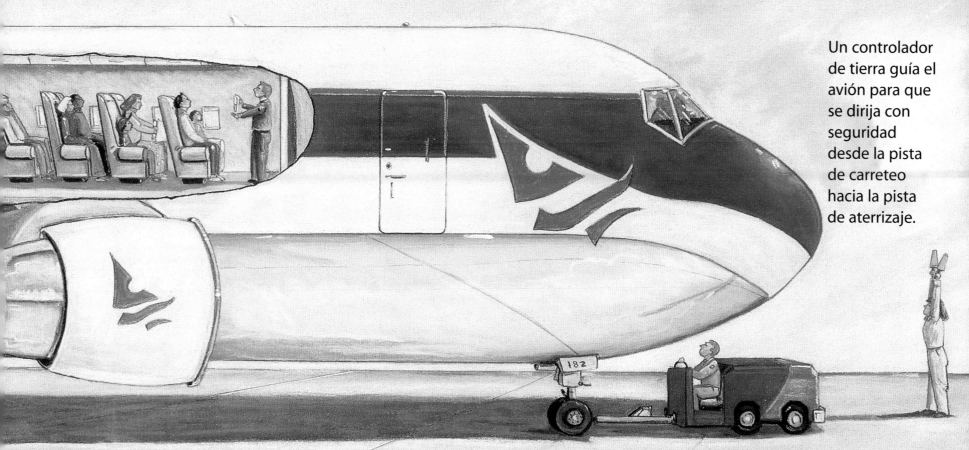

Un remolcador empuja el avión hacia atrás y lo aleja de la puerta de embarque.

VUELO Y ATERRIZAJE

En la mayoría de los vuelos, el avión es guiado por una computadora, pero la tripulación vigila atentamente los controles. Si una turbulencia de aire sacude el avión, se les pide a los pasajeros que permanezcan sentados y con los cinturones de seguridad abrochados.

Los pasajeros pueden caminar por el avión, conversar, leer, trabajar, jugar, dormir, mirar por las ventanillas o disfrutar de la música o una película.

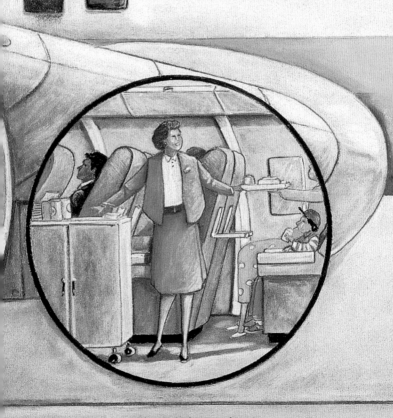

Los auxiliares de vuelo sirven comidas y bebidas.

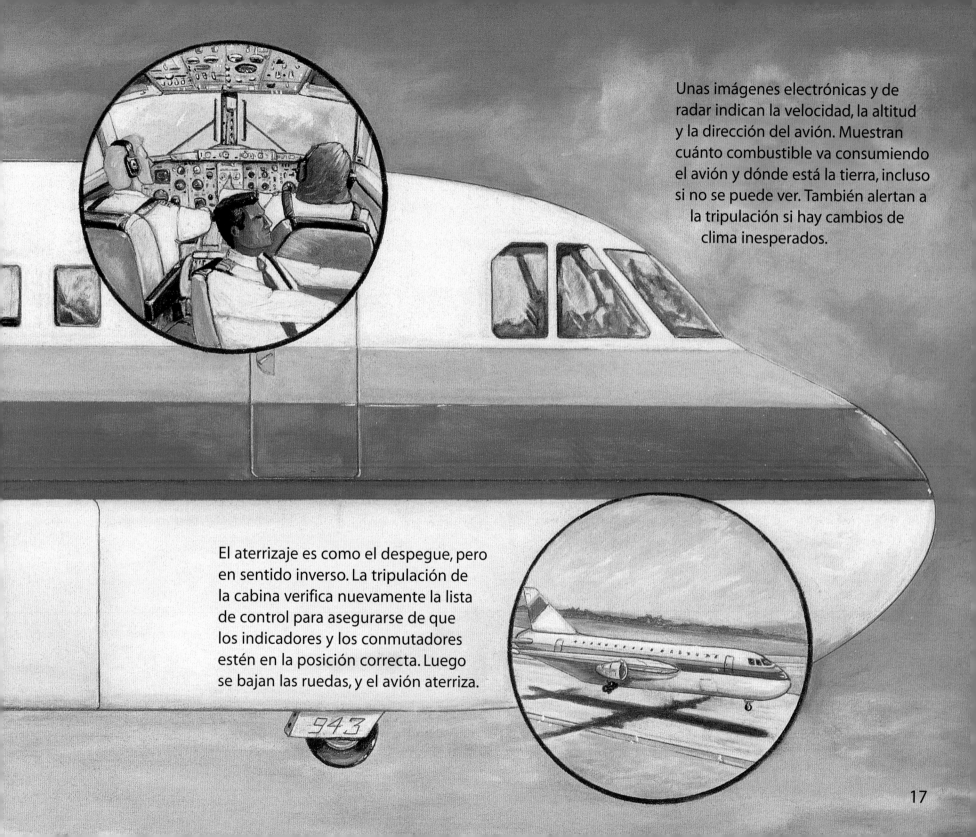

Unas imágenes electrónicas y de radar indican la velocidad, la altitud y la dirección del avión. Muestran cuánto combustible va consumiendo el avión y dónde está la tierra, incluso si no se puede ver. También alertan a la tripulación si hay cambios de clima inesperados.

El aterrizaje es como el despegue, pero en sentido inverso. La tripulación de la cabina verifica nuevamente la lista de control para asegurarse de que los indicadores y los conmutadores estén en la posición correcta. Luego se bajan las ruedas, y el avión aterriza.

LLEGADA

Cuando llegan pasajeros de un país extranjero, pasan por la oficina de inmigraciones, recogen su equipaje y van a la aduana.

Un funcionario de inmigraciones revisa los pasaportes de los pasajeros para ver si tienen autorización para entrar al país. A veces el funcionario también sella los pasaportes.

IMMIGRATION

El equipaje se retira del avión y se coloca en una banda transportadora de la terminal donde los pasajeros pueden recoger sus maletas.

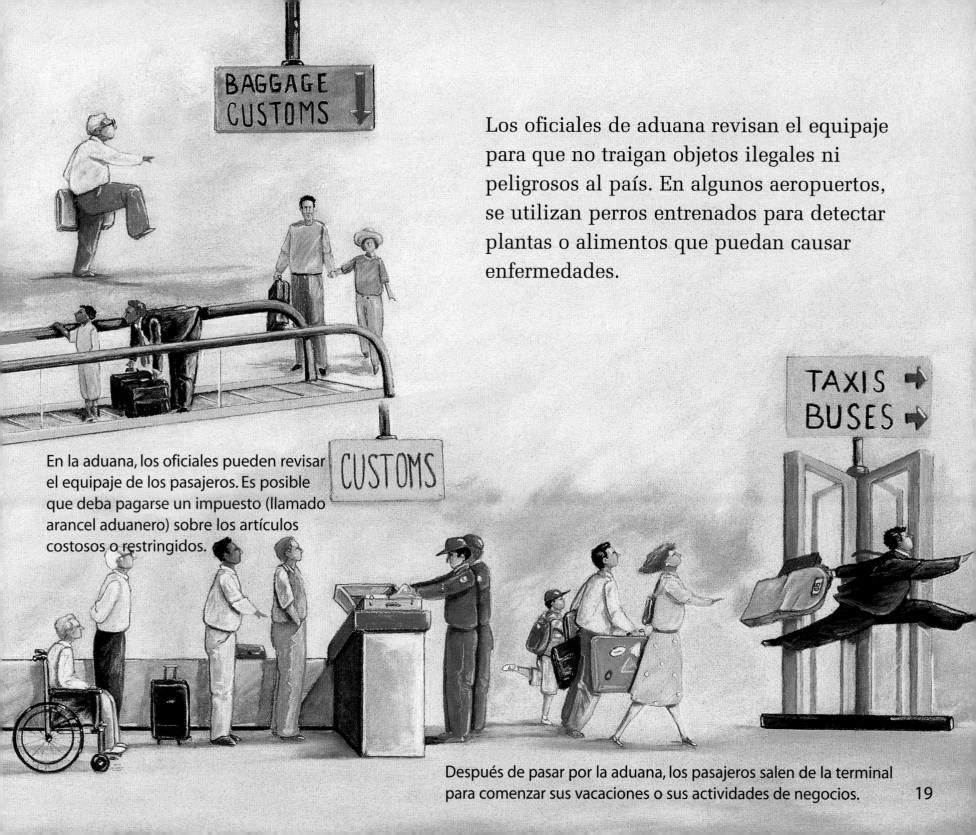

BAGGAGE CUSTOMS

Los oficiales de aduana revisan el equipaje para que no traigan objetos ilegales ni peligrosos al país. En algunos aeropuertos, se utilizan perros entrenados para detectar plantas o alimentos que puedan causar enfermedades.

CUSTOMS

TAXIS →
BUSES →

En la aduana, los oficiales pueden revisar el equipaje de los pasajeros. Es posible que deba pagarse un impuesto (llamado arancel aduanero) sobre los artículos costosos o restringidos.

Después de pasar por la aduana, los pasajeros salen de la terminal para comenzar sus vacaciones o sus actividades de negocios.

19

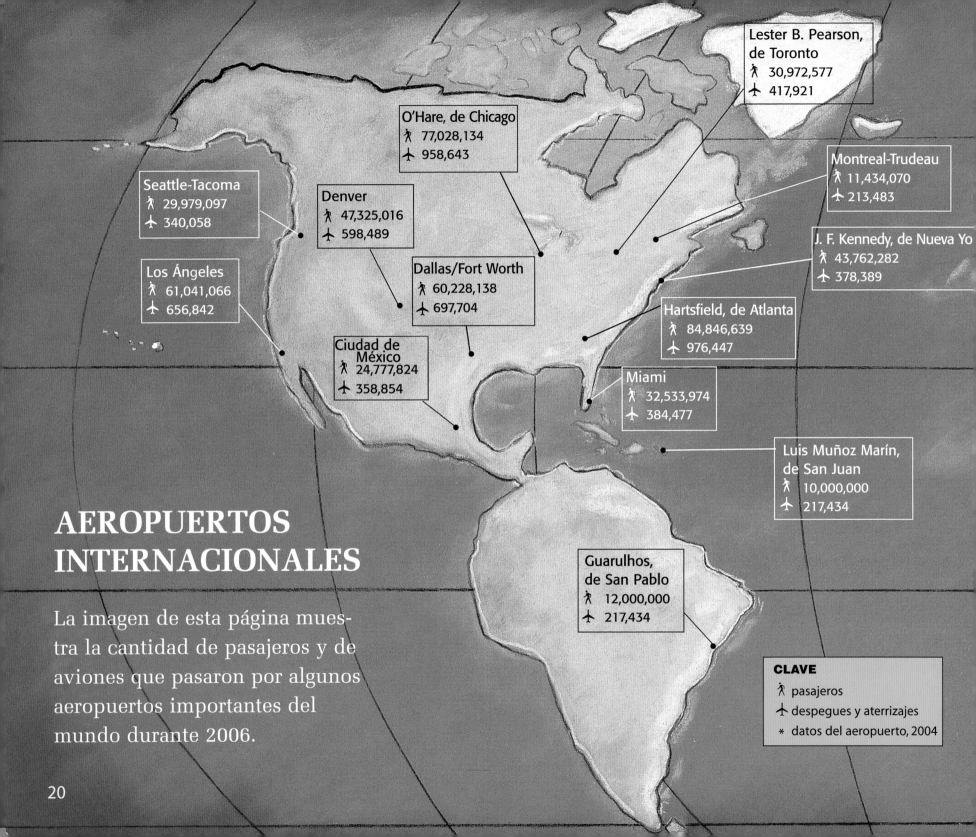

AEROPUERTOS INTERNACIONALES

La imagen de esta página muestra la cantidad de pasajeros y de aviones que pasaron por algunos aeropuertos importantes del mundo durante 2006.

Lester B. Pearson, de Toronto
🚶 30,972,577
✈ 417,921

O'Hare, de Chicago
🚶 77,028,134
✈ 958,643

Montreal-Trudeau
🚶 11,434,070
✈ 213,483

Seattle-Tacoma
🚶 29,979,097
✈ 340,058

Denver
🚶 47,325,016
✈ 598,489

J. F. Kennedy, de Nueva Yo
🚶 43,762,282
✈ 378,389

Los Ángeles
🚶 61,041,066
✈ 656,842

Dallas/Fort Worth
🚶 60,228,138
✈ 697,704

Hartsfield, de Atlanta
🚶 84,846,639
✈ 976,447

Ciudad de México
🚶 24,777,824
✈ 358,854

Miami
🚶 32,533,974
✈ 384,477

Luis Muñoz Marín, de San Juan
🚶 10,000,000
✈ 217,434

Guarulhos, de San Pablo
🚶 12,000,000
✈ 217,434

CLAVE
🚶 pasajeros
✈ despegues y aterrizajes
* datos del aeropuerto, 2004

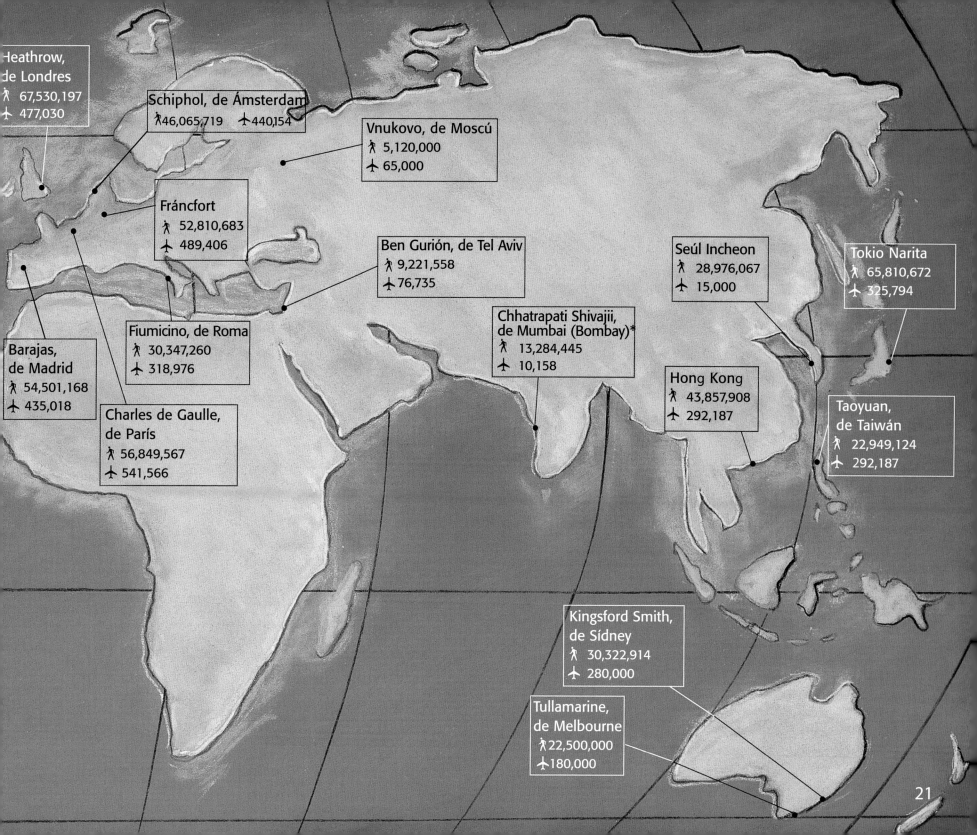

Heathrow,
de Londres
🚶 67,530,197
✈ 477,030

Schiphol, de Ámsterdam
🚶 46,065,719   ✈ 440,154

Vnukovo, de Moscú
🚶 5,120,000
✈ 65,000

Fráncfort
🚶 52,810,683
✈ 489,406

Ben Gurión, de Tel Aviv
🚶 9,221,558
✈ 76,735

Seúl Incheon
🚶 28,976,067
✈ 15,000

Tokio Narita
🚶 65,810,672
✈ 325,794

Barajas,
de Madrid
🚶 54,501,168
✈ 435,018

Fiumicino, de Roma
🚶 30,347,260
✈ 318,976

Chhatrapati Shivajii,
de Mumbai (Bombay)*
🚶 13,284,445
✈ 10,158

Hong Kong
🚶 43,857,908
✈ 292,187

Taoyuan,
de Taiwán
🚶 22,949,124
✈ 292,187

Charles de Gaulle,
de París
🚶 56,849,567
✈ 541,566

Kingsford Smith,
de Sídney
🚶 30,322,914
✈ 280,000

Tullamarine,
de Melbourne
🚶 22,500,000
✈ 180,000

21

GLOSARIO

abordar   subir a un barco, un tren, un autobús o un avión

aduana (la)   sitio donde se revisa el equipaje y los bienes que entran a un país y se paga el arancel aduanero

alerón (el)   parte movible del ala del avión, se usa para controlar el viento

altitud (la)   altura por encima de la superficie terrestre

arancel aduanero (el)   impuesto que cobran los oficiales de aduana por los artículos costosos o restringidos que se traen al país, desde otro país

banda transportadora (la)   cinta transportadora continua que sirve para transportar objetos de un lugar a otro

campo de vuelo (el)   campo de aterrizaje de un aeropuerto

chaleco salvavidas (el)   chaleco de seguridad que sirve para mantener a flote a una persona en el agua

cinturón de seguridad (el)   correa de seguridad para sujetar a la persona a su asiento, se usa especialmente en autos y aviones

combustible (el)   algo que se puede quemar para dar energía o calor

descongelación   quitar el hielo de algo, usualmente usando sustancias químicas

desinfectante (el)   algo que sirve para destruir gérmenes

despegue (el)   acción de levantarse del suelo

detector de metales (el)   máquina que se usa para mostrar un metal presente

equipaje (el)   maletas y otras pertenencias que una persona lleva en un viaje

estar en el aire   en vuelo

hangar (el)   cobertizo en donde se guardan y se reparan los aviones

indicador (el)   instrumento que se usa para medir algo

internacional   entre dos o más países

máscara de oxígeno (la)   máscara que se coloca sobre la nariz y la boca y por la cual se suministra oxígeno

morro (el)   punta delantera del avión

oficina de despacho de vuelos (la)   oficina del aeropuerto que entrega la información del vuelo al piloto

oficina de inmigración (la)   lugar donde se revisan los pasapo de los pasajeros

pasaporte (el)   documento oficial que proporcionan los gobier a los ciudadanos que viajan a otro país

pasarela de acceso (la)   pasadizo entre la terminal del aeropue y el avión que permite a los pasajeros abordar o bajarse del avión

pase de abordar (el)   boleto que muestra el lugar de destino d pasajero, el número de vuelo y de asiento.

personal de tierra (el)   equipo de personas que se encarga del avión cuando está en tierra

pista de aterrizaje (la)   franja pavimentada en un aeropuerto u para que el avión despegue y aterrice

pista de carreteo (la)   franja pavimentada en un aeropuerto po donde se desplazan los aviones para llegar a pista de aterriz regresar de esta

previo al vuelo   algo que sucede antes de que el avión despeg

radar (el)   instrumento que determina la distancia, dirección y velocidad de objetos fuera del alcance de la vista

rayos X (los)   rayos invisibles que atraviesan objetos sólidos p mostrar su contenido

remolcador (el)   vehículo que empuja o lleva otros vehículos

replegar   retraer o guardar

ruta (la)   camino o curso que se destina para el recorrido del v

sala de abordar (la)   área grande y abierta donde los pasajeros esperan para abordar el avión

servicio de comidas y bebidas (el)   servicio de alimentos

sustentación (la)   fuerza para comenzar a volar

terminal (la)   estación principal para los buses, trenes o avion

tren subterráneo (el)   sistema de transporte bajo tierra

turbulencia (la)   movimientos atmosféricos que alteran los patrones de vientos

vigilar   escuchar u observar para verificar

ÍNDICE

To Judy Davis, for the invaluable gift of stories, both imagined and true, and for teaching me how to share them—M.D.

To my three little girls, Molly, Sara, and Casey—K.D.

ACKNOWLEDGMENTS The author and publisher would like to thank Steve Klodt, Public Affairs Officer, Denver International Airport; Andrew L. Ortiz, Airport Operations Supervisor, Denver International Airport; Bob Schulman, Vice President of Corporate Communications, and Captain Pat Taylor, Frontier Airlines; Pilot Edward Hornung, Trans World Airlines; Bob Leach, head of safety, and Larry Nelson, General Manager, Chelsea Catering; Mina Greenstein; and Judy Levin, for their assistance in the preparation of this book.

Based on the book *An International Airport* by John and Yevonne Pollock

For information contact:
MONDO Publishing
980 Avenue of the Americas
New York, NY 10018
Visit our website at www.mondopub.com

Designed by Mina Greenstein

Printed in China

09 10 11 12 13 SPBK 5 4 3 2 1

Library of Congress Cataloging-in-Publication Data
Davis, Meredith, 1971-
    Up and away! : taking a flight / by Meredith Davis ; illustrated by Ken Dubrowski.
        p.   cm.
    Includes index.
    Summary: Describes the varied activities involved in operating a busy airport and what happens on a passenger flight.
    ISBN 1-60175-334-9 (pbk.)
    1. Air travel—Juvenile literature.   2. Aeronautics, Commercial—Juvenile literature.   3. Airports—Juvenile literature.
[1. Airports. 2. Air travel.] I. Dubrowski, Ken, ill. II. Title.
HE9787.D38   1997
910'.2'02—dc21   96-44026
                                                                            CIP
                                                                            AC